RÉGLEMENT
CONCERNANT
LA CAVALERIE
NATIONALE-PARISIENNE.

TITRE PREMIER.

De la Formation & Organisation.

ARTICLE PREMIER.

LA Troupe de Cavalerie, connue sous la dénomination de *Garde-à-Cheval*, sera & demeurera
supprimée.

A

I I.

Le Corps, fupprimé par l'article premier, fera remplacé par un Corps de Cavalerie, qui portera le nom de *Cavalerie-Nationale-Parifienne*.

I I I.

Les fix-cents hommes qui formeront le Corps, feront divifés en fix Compagnies, de cent hommes chacune, compris les trois Officiers.

I V.

La Ville de Paris étant partagée en fix Divi-fions, il fera attaché une Compagnie de Cavalerie à chaque Divifion.

V.

Les fix Compagnies réunies formeront une Di-vifion, qu'on appellera *Divifion de la Cavalerie*.

V I.

Tout Citoyen domicilié, marié ou non-marié, pourra être admis dans la Cavalerie-Nationale, en fe foumettant aux conditions qui feront réglées ci-après.

V I I.

Tout Citoyen ne pourra être admis dans ce Corps, que depuis l'âge de vingt ans revolus, juf-qu'à quarante ans.

3

VIII.

La Troupe de Cavalerie, connue fous le nom de *Garde-à-Cheval*, étant fupprimée, tout ce qui compofe cette Troupe, tant en Officiers qu'en Maréchaux-des-Logis, Brigadiers, Sous-Brigadiers & Cavaliers, fera incorporé dans la Cavalerie-Nationale, & y occupera le rang qui leur fera défigné.

IX.

En conféquence, les Maréchaux-des-Logis, Brigadiers, Sous-Brigadiers & Maîtres, au nombre de deux-cents cinquante-fix fixé par la dernière augmentation formeront la tête de chaque Compagnie.

X.

Les 40 hommes formant la Divifion Commandante, & les 60 Surnuméraires qui étoient déjà infcrits, ainfi que les Soldats du Guet-à-Pied qui pourront remplir les conditions, feront admis dans la Cavalerie-Nationale, & prendront rang après les Cavaliers ci-deffus défignés.

X I.

Les Cavaliers, Dragons & Chaffeurs qui ont quitté leurs drapeaux pour fervir la Caufe-Publique, pourront être admis dans la Garde-Nationale à

Cheval, en rempliſſant les conditions preſcrites à l'article ci-après.

X I I.

Ceux deſdits Cavaliers, Dragons & Chaſſeurs qui feront admis dans ledit corps, prendront rang après les 60 Surnuméraires, & après les Soldats du Guet-à-Pied.

X I I I.

Pour completter les 600 hommes de Cavalerie, on prendra parmi les Citoyens qui ſe ſont fait inſ-crire, le nombre néceſſaire au complément de la-dite Troupe.

X I V.

Tous les Maréchaux de Logis, Brigadiers, Sous-Brigadiers & Maîtres feront obligés de ſe fournir leurs Chevaux, habits, manteaux, équipement & armement.

X V.

Pour être admis dans la Cavalerie-Nationale-Pa-riſienne, il faudra avoir au moins la taille de 5 pieds 5 pouces.

X V I.

Seront exceptés de cette régle feulement ceux des Cavaliers, Dragons & Chaſſeurs émigrants qui feroient dans le cas d'être admis dans ledit Corps, fans tirer à conféquence pour l'avenir.

X V I I.

Tout Citoyen, ou Cavalier, Dragon ou Chaffeur employé dans la Garde-Nationale-Parifienne à Cheval, prêtera ferment entre les mains de la Municipalité.

X V I I I.

La Divifion entière de la Cavalerie fera, ainfi que toutes les Troupes employées au fervice de la Capitale, aux ordres du Commandant Général, & dépendra, pour tous les objets de fervice , de l'Etat-Major-Général des Gardes-Nationales Parifiennes.

X I X.

Le Chef de la Divifion de Cavalerie roulera pour les honneurs & prérogatives avec les fix autres Chefs de Divifion feulement; il fera fpécialement attaché à la Cavalerie.

X X.

Le Major de ladite Divifion fera affimilé, pour les honneurs & prérogatives aux Majors des Divifions d'Infanterie.

X X I.

Il fera créé un Chef d'Efcadron, de deux en deux Compagnies. Ces trois Chefs d'Efcadrons commanderont alternativement, en l'abfence du Chef

& du Major de la Division, & ne jouiront d'aucuns appointemens. Ils auront les mêmes honneurs & les mêmes prérogatives que le Commandant de Bataillon.

XXII.

L'Etat-Major de cette Division sera composé de la manière suivante :

SAVOIR,

1. Chef de Division.
1. Major.
3. Chefs d'Escadrons, sans Appointemens.
1. ~~Premier~~ Aide-Major, faisant les fonctions de Maréchal-des-Logis.
3. Aides-Majors.
1. Quartier-Maître, ayant rang de Sous-Lieutenant.
1. Adjudant, chargé de l'Equitation.
1. Maréchal Expert.
1. Fourrier, adjoint au Quartier-Maître.

Chaque Compagnie sera composée :

SAVOIR,

1. Capitaine.
1. Lieutenant.
1. Sous-Lieutenant.

3.

3. *Ci-contre.*

1. Maréchal-des-Logis-Porte-Etendard, ayant rang de Sous-Lieutenant.

4. Maréchaux-des-Logis.

4. Brigadiers.

4. Sous-Brigadiers.

83. Maîtres.

1. Trompette.

———
100.
———

X X I I I.

Les Etendards seront dépofés chez le Chef de la Divifion.

Les Etendards porteront les couleurs des Divifions auxquelles ils feront attachés :

S A V O I R,

Le premier fera bleu.

Le deuxiéme, rouge.

Le troifiéme, blanc.

Le quatriéme, bleu & rouge.

Le cinquiéme, rouge, bleu & blanc.

Le fixiéme, bleu & blanc.

X X I V.

Tous les Officiers de l'Etat-Major, ceux des

Compagnies, les Maréchaux-des-Logis, les Brigadiers, Sous-Brigadiers, Maîtres & Trompettes rece-
vront le traitement qui sera fixé dans le présent
Réglement, au Titre suivant.

TITRE II.

Des Nominations aux Emplois, des Appointemens,
Solde & Masse.

ARTICLE PREMIER.

LES Officiers de la Garde-à-Cheval de Paris seront
tous employés dans la Garde-Nationale à cheval,
& y occuperont les Emplois désignés ci-après.

II.

Il sera accordé auxdits Officiers plusieurs places
dans l'État-Major, & la moitié des places de
Capitaines.

III.

Ceux des Officiers dudit Corps qui ne seront
point placés dans l'État-Major, ou qui ne deviendront
pas Capitaines à la formation, seront Lieutenants de
droit ; & , s'ils avoient le rang de Capitaine, il leur
en sera expédiée une Commission.

IV.

I V.

La nomination defdits Officiers aux différens emplois aura lieu par ancienneté de Commiffion du Département de la Guerre, lorfqu'il n'y aura pas plus de fix ans d'interruption d'un fervice à l'autre, 1.° par celle de Capitaine; 2.° par celle de Lieutenant; &, en conféquence, pour établir le rang avant la préfentation du Commandant Général, MM. les Officiers de l'ancienne Garde-à-Cheval formeront le tableau d'ancienneté, & y prendront le rang que leur donnera la date defdites Commiffions.

Après les Commiffions de Capitaine & Lieutenant du Département de la Guerre, l'ancienneté de fervice dans le Corps de la Garde-à-Cheval fera prife en confidération; & chaque Officier prendra fon rang en raifon de ladite ancienneté & de la Commiffion fignée du Miniftre du Département de Paris.

V.

La nomination des Emplois de l'État-Major de la Divifion fera faite par la Municipalité, fur la préfentation du Commandant-Général.

V I.

Les Sujets propofés pour être nommés Capitaines,

feront également présentés à la Municipalité par le Commandant-Général.

V I I.

Ceux des Officiers de la Garde-à-Cheval qui feront remplacés dans ledit État-Major ou dans les autres Emplois, feront également présentés par le Commandant-Général à la Municipalité, pour être confirmés.

V I I I.

Les places de Lieutenans & de Sous-Lieutenans qui refteront à nommer, après avoir placé les Officiers du Corps, feront préfentées à la Municipalité par le Commandant-Général.

I X.

La première nomination faite, les Officiers des fix Compagnies rouleront enfemble pour leur avancement.

X.

Les remplacemens feront faits par droit d'ancienneté, du grade inférieur au grade fupérieur.

X I.

L'Emploi de Sous-Lieutenant vacant par la mort, démiffion ou retraite d'un Officier quelconque, fera à la nomination de tous les Membres formant la Municipalité.

X I I.

Les Maréchaux-des-Logis, Porte-Etendard, feront nommés alternativement à ces Emplois, avec les Citoyens.

X I I I.

Les Maréchaux-des-Logis, nommés Sous-Lieutenans, deviendront, à leur tour, Lieutenans & Capitaines.

X I V.

Au moment de la formation, les places de Maréchaux des-Logis feront accordées à ceux qui jouiffoient de ces Grades dans le Corps fupprimé de la Garde de Paris.

X V.

Si le nombre n'en étoit pas fuffifant, les plus anciens Brigadiers feront faits Maréchaux-des-Logis.

X V I.

Les Brigadiers feront remplacés par les Sous-Brigadiers, & ceux-ci par les plus anciens Maîtres. Si le nombre des Maréchaux-des-Logis, Brigadiers & Sous-Brigadiers, excédoit celui des bas-Officiers qui doivent être placés; ceux qui, par le préfent Réglement, defcendront d'un grade pour le Service, en conferveront les marques diftinctives, jouiront des mêmes appointemens du grade auquel ils feront defcendus ; mais ils rouleront fur toutes les Compagnies pour être remplacés ; &, ce remplacement achevé, le mouvement aura lieu, ainſi qu'il eſt dit à l'article ſuivant.

X V I I.

Les Maréchaux-des-Logis, Brigadiers, Sous-Brigadiers & Maîtres, rouleront par Compagnie pour leur avancement, &, le plus poſſible, toujours par ancienneté de ſervice dans le Corps, au choix des Officiers.

X V I I I.

Quant aux nominations des Officiers des Compagnies non ſoldées de Cavalerie, elles auront lieu, de la maniére indiquée au titre du préſent Réglement, concernant la Cavalerie non-ſoldée.

X I X

Tous les Brevets & Lettres d'Officiers de la Cavalerie ſoldée, ſeront ſignés par le Maire de la Ville, & le Commandant-Général ; & il ſera ſuivi, pour cette arme, la même forme que pour l'Infanterie.

X X.

Les Brevets ſeront expédiés par le Secrétaire-Général, comme ceux de l'Infanterie.

X X I.

Les Appointemens & ſolde de la Cavalerie ſoldée feronr fixés d'après l'état général qui en ſera arrêté, & d'après le tableau ci-joint.

TABLEAU DES APPOINTEMENS,

SOLDE ET MASSE

DE LA CAVALERIE NATIONALE-PARISIENNE.

	Par jour.	Par mois.	Par an.	Total.
			liv.	liv.
1. Chef de Division. . . .	»	»	15,000	15,000
1. Major.	»	»	8,000	8,000
3. Chefs d'Escadron. . . .	»	»	»	»
1. Premier Aide-Major, faisant les fonctions de Maréchal-Général-des-Logis.	»	»	6,000	6,000
3. Aides-Majors.	»	»	5,000	15,000
1. Quartier-Maître. . . .	»	»	2,400	2,400
1. Adjudant, chargé de l'Equitation.	»	»	1,800	1,800
1. Maréchal Expert. . . .	»	»	1,200	1,200
1. Un Fourier, adjoint au Quartier-Maître, ci. . .	»	»	12,00 } 4,200	
Frais de Bureau.	»	»	3,000 }	
Total de l'Etat-Major . .	. . .	. . .	. . .	53,600
1. Capitaine.	»	»	4,500	4,500
1. Lieutenant.	»	»	3,500	3,500
1. Sous-Lieutenant. . . .	»	»	3,000	3,000
1. Maréchal-des-Logis-Porte-Etendard.	5 l.	»	1,800	1,800
4. Maréchaux-des-Logis. . .	4 10	»	1,620	6,480
4. Brigadiers.	4	»	1,440	5,760
4. Sous-Brigadiers. . . .	3 15	»	1,350	5,400
83. Maîtres.	3 10	»	1,260	104,580
1. Trompette.	1 5	»	400	450
Total, pour une Compagnie.	. . .	. . .	. . .	135,470
— Pour les six Compagnies	. . .	. . .	. . .	812,820

Total des Appointemens & } *Solde, par an.* . . . }	Pour l'Etat-Major. . . .	53,600
	Pour les six Compagnies. .	812,820
		866,420

TITRE III.

De l'Habillement, Équipement & Réparation.

ARTICLE PREMIER.

L'HABILLEMENT de la Cavalerie fera conforme à celui de l'Infanterie ; elle aura de plus un manteau de drap bleu, dont le collet fera rouge, & la rotonde bleue, avec un paffe-poil rouge, bordé d'un galon d'or d'un pouce, pour celui des Officiers, & d'un petit galon d'or de fix lignes pour celui des Maréchaux-des-Logis.

I I.

Les habits feront garnis d'une aiguillette jaune à l'épaule gauche, pour diftinguer la Cavalerie, de l'Infanterie.

Chaque Compagnie portera fur le bouton le Numero de la Divifion à laquelle elle fera attachée.

I I I.

Tous les objets d'habillement feront conformes aux modèles déjà arrêtés.

I V.

Les Maréchaux-des-Logis, Brigadiers, Sous Bri-

gadiers & Maîtres feront toujours en uniforme ,
foit de fervice ou hors de fervice.

V.

L'équipement du cheval fera compofé d'une bride
& bridon , d'une felle avec houffe & chaperon à re-
couvrement rouge , galonné en jaune & fans frange.

V I.

Les chevaux auront 4 pieds 10 pouces , mefurés
fous potence, & feront à tous crins ; ceux qui feroient
d'une couleur marquante , ne feront pas reçus ,

V I I.

Les bas-Officiers & Maîtres feront armés de deux
piftolets de dix pouces, d'un moufqueton avec bayon-
nette, d'un fabre porté en baudrier , fuivant le modéle arrêté.

V I I I.

Les Officiers feront armés de piftolets & d'un
fabre, porté également en baudrier ; la poignée du
fabre fera dorée.

I X.

Les Officiers porteront les épaulettes & dragonnes
de leur grade , & de la couleur des boutons.

SAVOIR,

Le Chef de la Divifion portera une épaulette de

Chef de Division d'Infanterie , fur le côté droit de fon habit.

. Le Major portera la même épaulette que le Chef de la Division ; laquelle fera barrée dans fa longueur par un cordonnet rouge de deux lignes de large.

. Les Chefs d'Efcadron la même épaulette que le Chef de Division , laquelle fera barrée dans fa longueur d'un cordonnet bleu de deux lignes de large.

L'Aide-Major-Général, Maréchal-Général-des-Logis , portera du côté gauche, une épaulette femblable à celle des Chefs de Division , laquelle fera barrée dans fa longueur , de deux cordonnets rouges, de deux lignes de large.

Les Aides-Majors porteront , du côté gauche , l'épaulette de Capitaine.

Les Capitaines , Lieutenans & Sous Lieutenans , porteront une épaulette à droite, femblable à celle des mêmes grades de l'Infanterie.

Tous les Officiers de la Cavalerie porteront une aiguillette en or du côté gauche, excepté les Aides-Majors , qui la porteront à droite.

Les fabres des Officiers feront garnis d'une dragonne d'or , fuivant les diftinctions prefcrites pour les épaulettes.

X.

X

Les grades de Maréchaux des-Logis, Brigadiers & Sous-Brigadiers seront distingués de la manière suivante.

Les Maréchaux-des-Logis, Porte-Etendard auront une épaulette à frange, moitié poil de chévre rouge, & moitié fil d'or, formant des carreaux d'or & rouge alternativement.

Les autres Maréchaux-des Logis auront une épaulette aussi à frange de poil de chévre rouge, ayant deux barres dans sa longueur en or, de deux lignes chacune.

Les Maréchaux-des Logis auront une aiguillette mêlée, comme leurs épaulettes, de poil de chévre rouge & or.

Les Brigadiers auront, pour marque distinctive, deux tours de galon d'or, de huit lignes de large, autour du bras : le premier sera posé à trois lignes au-dessus de chaque parement, & le second à trois lignes du premier.

Les Sous - Brigadiers auront un des galons des Brigadiers, posé à trois lignes au-dessus de chaque parement.

Les Brigadiers, Sous-Brigadiers, Maîtres & Trompettes auront une épaulette de drap bleu, doublée

C

de drap rouge, avec une aiguillette de foie jaune.

Les Maréchaux de Logis auront des Dragonnes à leur fabre conformes aux épaulettes.

Les fabres des Brigadiers, Sous - Brigadiers, Maîtres & Trompettes feront auffi garnis d'une Dragonne de cuir.

L'équipement des Maréchaux des Logis, Brigadiers, Sous-Brigadiers & Maîtres fera

1. Giberne.
1. Baudrier.
1. Porte-moufqueton,
1. Bretelle de fufil.
} conformes aux modéles qui feront arrêtés.

Les bottes feront faites à l'écuyère. Celles de MM. les Officiers & Maréchaux de Logis feront demi-fortes, & celles des Maréchaux des Logis, Brigadiers, Sous-Brigadiers & Maîtres feront fortes & femblables à celles dont ils fe font fervis jufqu'à préfent.

Les Maréchaux des Logis, les Brigadiers, Sous-Brigadiers & Maîtres feront pourvus d'une paire de bottes molles pour faire le Service à pied.

X I.

Les effets ci-deffus mentionnés des Officiers, Maréchaux des Logis, Brigadiers, Sous-Brigadiers,

Maîtres & Trompettes, tant pour eux-mêmes que pour leurs chevaux, feront fournis & entretenus à leurs dépens.

TITRE IV.

Du Logement , du Service intérieur & de la Police intérieure

ARTICLE Ier.

LA Cavalerie Nationale-Parifienne ne fera point cafernée.

II.

Les frais de logement & d'écurie, la nourriture des chevaux, l'entretien, comme panfement, ferrage, &c. feront, comme cela avoit lieu dans la Garde à cheval, à la charge des Cavaliers, moyennant la paye qui leur eft accordée.

III.

Du Service intérieur , & de la Police.

La fubordination graduelle fera exactement obfervée dans la Cavalerie, & fuivra la même marche que celle de l'Infanterie, de manière que le

grade inférieur ait le dégré de fubordination &
d'obéiffance qu'on doit au grade fupérieur.

I V.

Lorfque plufieurs Officiers ou bas-Officiers de
même grade feront dans un même détachement,
c'eft le plus ancien de fervice qui en prendra le
Commandement, & à égalité de fervice, le plus
ancien d'âge commandera.

V.

Les formalités pour la preftation de ferment &
la réception des Officiers feront les mêmes que
celles qui ont été fuivies pour l'Infanterie.

V I.

Les feuilles imprimées, qui doivent fervir à
conftater les Mutations des Compagnies, feront
toutes faites fur un même modéle, & remplies
d'une manière uniforme. Il en fera délivré d'imprimées au Bureau de l'Etat major-général.

V II.

Les détails, relatifs au fervice & à la Police
intérieure des Compagnies, feront furveillés avec

la même exactitude que dans l'Infanterie, aux dif-
férences près qu'exigent le régime adopté pour la
Cavalerie, & le non-casernement de cette Troupe.

V I I I.

Les Officiers des Compagnies seront tenus de
voir, une fois au moins dans la semaine, toutes
les écuries des Cavaliers de leur Compagnie.

I X.

Les Maréchaux de Logis, Porte Etendard ne
monteront point la garde, & rempliront les
mêmes fonctions que les Sergens-majors de l'Infanterie, ainsi qu'il est dit à l'Art. XI du Titre IV.

X.

Le plus ancien Trompette aura droit d'inspecter
les autres, & sera chargé de l'Ecole d'Instruction
des Trompettes de la Division. Cette Ecole aura
lieu toutes les fois que le Chef de la Division l'or-
donnera.

X I.

Les Brigadiers, Sous-Brigadiers veilleront, avec
le plus grand soin, à la tenue des hommes & à

la propreté des chevaux, & infpecteront les hommes de fervice.

X I I.

Aucun Maréchal des Logis, Brigadier, Sous-Brigadier & Maître ne pourra fortir, fans être dans le plus exact Uniforme.

X I I I.

Chaque Compagnie enverra à la Parade de fa Divifion, les hommes de fervice qui fe rendront de-là dans les Poftes qu'ils devront occuper.

X I V.

Le fervice journalier pour la Garde & Police de Paris concernant la Cavalerie, fera fait par la Troupe à Cheval foldée, & partie par la Cavalerie non foldée, lorfqu'elle fera formée.

X V.

Le nombre d'Officiers de Maréchaux-de-Logis, Brigadiers, Sous-Brigadiers & Maîtres qui devront être de fervice chaque jour, fera déterminé dans un Réglement de fervice particulier.

X V I.

Seront également déterminées, dans le même Réglement, les fonctions defdits Officiers, leur genre de service, les postes qu'ils devront occuper ; les Patrouilles qu'ils auront à faire faire à leur Troupe ; enfin tous les détails relatifs à la Police & service de Paris.

TITRE V.

Du Recrutement, Congés absolus & limités.

ARTICLE PREMIER.

La Cavalerie de la Garde-Nationale jouira des mêmes prérogatives accordées ci-devant à la Garde à Cheval.

II.

En conséquence lesdits Cavaliers ne contracteront point d'engagement, ils seront seulement tenus d'avertir 6 mois d'avance avant de quitter.

III.

Pour remplacer des Cavaliers qui quitteront, on prendra dans les Citoyens qui se trouveront inscrits chez le Chef ou Major.

IV.

Tout Garde à Cheval qui quittera le Corps pour des raisons valables, & qui aura eu une bonne conduite, recevra fon Congé fur la demande de fon Capitaine, vérifié par le Major de Divifion.

V.

Les Congés abfolus feront dans la même forme que ceux de l'Infanterie, & feront délivrés au Bureau de l'Etat-Major-Général

V I.

Quant aux Congés-limités, il n'en fera accordé que très-peu, & pour des raifons bien connues d'une néceffité indifpenfable ; il fera fuivi pour ces Congés la même forme que dans l'Infanterie.

V I I.

Les Congés de MM. les Officiers feront accordés en rempliffant les formalités prefcrites à l'article 24 du Titre 5 pour l'Infanterie.

TITRE VII.

Des Revues du Commiffaire Général, de la comptabilité & de l'Adminiftration.

Revue du Commiffaire.

ARTICLE PREMIER.

IL fera établi des Contrôles de revues conformes au modèle annexé au préfent Réglement, lefquels feront renouvellés tous les ans.

I I.

I I.

Le Commiffaire Général fera la revue des Compagnies de Cavalerie de chaque Divifion , aux mêmes époques qu'il fera celle de l'Infanterie prefcrite au Titre 6 , Article 2.

I I I.

Les Officiers de l'Etat-Major fe trouveront à la revue de la 1ere Compagnie de Cavalerie.

I V.

Le Commiffaire Général conftatera fur le contrôle de l'Etat-Major, & fur celui de chaque Compagnie, lors de fa revue, la préfence ou l'abfence de ceux qui la compofent, il conftatera également l'exiftence de leurs Chevaux, tant des Officiers que de la Troupe.

V.

Les Officiers abfens de la place, de quelque manière que ce foit, à l'époque de la revue, ne feront payés de leurs appointemens que jufqu'au jour inclus de leur abfence, retraite ou mort ; ceux des Officiers qui feront de retour de congé, feront rappellés de leurs appointemens à la première revue, pourvu qu'ils produifent au Commiffaire Général l'atteftation du Commandant-Général, de leur retour au corps, au terme du congé.

V I.

Les Officiers nouvellement pourvus d'emplois ou montés à un nouveau grade, feront payés du jour de la date de leur brevet, & rappellés en conféquence à la premiere revue, lefdits brevets feront communiqués au Commiffaire Général le jour de fa revue.

Les Cavaliers nouvellement admis feront compris dans la revue, du jour de leur admiffion, de manière cependant, qu'il n'y ait point double emploi, & que la force de la Compagnie n'excède jamais le complet, tant en Officiers qu'en bas-Officiers.

V I I.

Les hommes qui fe trouveront abfens de la place, lors de la revue, ne feront compris que jufqu'au jour inclufivement de l'abfence, retraite, mort ou congé.

V I I I.

Ceux des hommes qui auront obtenu des congés, feront rappellés de leur abfence, à leur retour au Corps, à l'expiration de leur congé, & payés de leur folde par le Quartier-Maître de la divifion de

Cavalerie, au moyen d'un bon du Capitaine de la Compagnie auquel fera joint le Congé-limité.

I X.

Les Officiers, bas Officiers & Cavaliers qui fe trouveront abfens à la revue, pour raifon de maladie, dans la place, feront compris dans la revue; mais le Commiffaire-Général s'affurera de leur exiftence, & en conféquence il lui fera remis un état figné par le Chef de la divifion, contenant le nom & la demeure des malades.

X.

Les chevaux qui feront abfens pour les mêmes raifons, feront également compris dans la revue; il en fera fourni un état au Commiffaire-Général, qui prendra les mefures convenables pour s'affûrer de leur exiftence.

X I.

Les Capitaines enverront tous, les dix jours, au Commiffaire Général l'état nominatif des mutations arrivées à leur Compagnie pendant les dix jours précédens, pour en faire l'enregiftrement fur les contrôles de revues prefcrits à l'Article premier du préfent Titre.

X I I.

Le Commiffaire Général fera des extraits de fa

revue, conformes à ceux indiqués dans l'Ordonnance de l'Infanterie.

X I I I.

De la Comptabilité.

La Caisse générale du Corps, dont la gestion est confiée au Quartier - Maître - Général, alimentera celle de la Cavalerie qui sera déposée chez le Commandant de cette Division.

X I V.

Le Quartier-Maître particulier de la Division de Cavalerie se rendra, tous les dix jours, chez le Quartier-Maître-Général pour y recevoir les fonds nécessaires pour les dix jours suivans, au moyen d'une autorisation signée du Commandant & du Major de la Division.

X V.

Le Quartier-Maître de la Cavalerie tiendra trois registres.

Savoir :

Un Journal de caisse où seront inscrites les sommes qui entreront ou sortiront de ladite caisse, lequel sera déposé dans la caisse, & n'en sera retiré qu'au moment de faire les enregistrement.

Un Journal général & détaillé des recettes & dépenses, lequel contiendra l'enregistrement des fommes qu'il retirera de la caiffe, & celles qu'il paiera.

X V I.

Les dépenfes fe borneront au payement des appointemens & folde, de la manière fuivante :

Le Quartier Maître paiera les appointemens des Officiers de la Divifion de Cavalerie, tous les mois, au moyen d'un reçu de leur part.

Il paîera la folde des bas Officiers tous les cinq jours, au moyen d'un état fommaire, ou carte de prêt, fignée du Commandant de la Compagnie, & faite dans la forme de celle de l'Infanterie.

X V I I.

Il établira un troifiéme Regiftre pour le compte ouvert des Officiers de l'Etat-Major & ceux des Compagnies, & pour le prêt des bas-Officiers & Cavaliers ; ce Regiftre fera le dépouillement du Journal général, il fera arrêté tous les deux mois, époques des revues de Commiffaire.

X V I I I.

Le Quartier-Maître de la Divifion de Cavalerie formera un extrait de l'arrêté du Regiftre précédent, aux époques des revues ; cet extrait fera figné du Commandant & du Major de la Divifion, & remis au Quartier-Maître Général pour arrêter le compte de ladite Division, d'après les extraits de revue du Commissaire.

TITRE VII.

Cavalerie non-soldée.

ARTICLE PREMIER.

OUTRE les 600 hommes de Cavalerie soldés, il sera créé un Corps de Cavalerie non soldée de 600 autres Citoyens non-soldés, sous la dénomination de *Garde-Nationale à cheval.*

II.

Ce Corps sera également divisé en six Compagnies de 100 hommes chacune.

III.

Il sera attaché, à chaque Division, une de ces Compagnies.

IV.

Pour pouvoir être admis dans le Corps non-soldé, tout Citoyen sera obligé d'avoir un cheval à lui appartenant, & d'en attester, *par serment,* la propriété, ainsi que la sûreté de pouvoir l'entretenir à ses frais & dépens.

V.

Tout le Corps de la Cavalerie non-ſoldée ſera abſolument dépendant de l'Etat-Major de la Diviſion de cette arme.

V I.

L'habillement, équipement & armement de la Cavalerie non-ſoldée feront exactement les mêmes que ceux de la Cavalerie ſoldée. Ils ne pourront avoir que des chevaux à courte queue, & de la taille de quatre pieds dix pouces ſous potence.

V I I.

Chaque Compagnie non-ſoldée ſera compoſée ;
Savoir :

   1 Capitaine ,
   1 Lieutenant ,
   1 Sous-Lieutenant ,
   1 Porte-Etendard , Maréchal des Logis , ayant rang de Sous-Lieutenant.
   4 Maréchaux des Logis.
   4 Brigadiers.
   4 Sous-Brigadiers.
  83 Maîtres.
   1. Trompette.
  ———
100.

VIII.

Le Trompette de chaque Compagnie non-soldée sera entretenu, habillé, équipé aux frais de ladite Compagnie.

IX.

Tout Citoyen propriétaire d'un cheval, qui voudra servir dans la Cavalerie non-soldée, se fera enregistrer chez le Chef de la Division ou le Major de cette arme.

X.

Quand l'enregistrement des 600 hommes sera complet, ils seront rassemblés, & l'on formera les Compagnies de 100 hommes chacune.

XI.

Les Compagnies divisées & formées, on décidera, soit par le sort, soit partout autre moyen, à quelle Division chaque Compagnie devra être attachée.

XII.

Lorsque chaque Compagnie connoîtra la Division à laquelle elle doit être attachée, ladite Compagnie

fera

fera elle-même l'élection de ſes Officiers, Maréchaux-de-Logis, Brigadiers & Sous-Brigadiers.

X I I I.

Les Brevêts des Officiers des Compagnies non-ſoldées, feront ſignés par M. le Maire de la Ville, & par M. le Commandant-Général, & expédiés par le Secrétaire-Général, ainſi que ceux de la Cavalerie ſoldée.

X I V.

Les ſix Compagnies de Cavalerie non-ſoldée, fourniront tous les jours pour le ſervice, le nombre d'Officiers, bas-Officiers & Maîtres qui ſera déterminé par l'ordre de ſervice dans lequel elles feront compriſes, dès que les ſix Compagnies feront formées & attachées à leur Diviſion.

X V.

Lors de la revue générale, les Compagnies ſe formeront dans l'ordre de Bataille ſuivant :

La première Compagnie ſoldée, & la première Compagnie non-ſoldée, & la deuxiéme non-ſoldée, & ainſi de ſuite.

TABLEAU GÉNÉRAL

De la force de la Cavalerie-Nationale-Parisienne,

soldée & non-soldée.

	Officiers sans appointemens.	Officiers avec appointemens.	Troupe non soldée.	Troupe soldée.
Etat-Major de la Division.	3	10		
Offic. des Compagnies.	18	18		
Maîtres.	»	»	582	582
dont { Officiers . 49 { Cavaliers 1164				
Total..... 1213	21	28	1164	

TITRE VIII.

Service.

CET objet ne sera traité qu'après la formation totale du Corps, & sa Division en six Compagnies; d'ailleurs on ne peut déterminer tous les détails du service relatif à la Cavalerie, qu'après avoir fixé le nombre de Corps-de-Gardes qui feront établis dans chaque Division; le genre de fervice qui fera affecté à cette arme, en raifon des Poftes qui feront occupés, & la liaifon de tous Poftes particuliers avec le fervice général, qui n'eft pas encore arrêté.

Signé, Guyard, Barré de Boifméant, de Meftre, de Rival, de Guérin de Sercilly, Flament, Roualle-Chevalier-de-Boifgelou, le Chevalier Defperrières, de Ramainvillers, Debourge, Barre de Saint-Venant, de Pefcheloche, le Roy de Montecly, la Foffe, d'Eftimanville, Barré, Ferrouffat, Savin, Guérin, Maffon de Neuville, Mandat, Chéron de la Bruyère, Barbier, Racapé, de Maifoncelles, Gondeville, Viot, Gallet de Santerre, Varin, Cherpitel, de Boifpréaux, Papillon, Roux, le Chevalier Guillotte, Torrent, le Chevalier de Saint-Tray, d'Accofta, Lebelle, Beriytter, Muguet de Champalier; le Marquis de Chabert, Vice-Préfident, *de Saint-Martin,* Vice-Préfident.

Hion, Secrétaire.

Lecture faite du Réglement concernant la Garde-Nationale-Parifienne, l'Affemblée a arrêté qu'il feroit envoyé aux Diftricts pour avoir leurs obfervations, & que, cependant, la tranquillité publique, & la néceffité du fervice exigeant le prompt établiffement d'une Troupe de Cavalerie-

Nationale, ledit Réglement feroit exécuté provi-
foirement. Fait ce Dimanche, vingt Septembre
mil fept-cent quatre-vingt-neuf.

Signé, *Bailli*, Maire; *Brouſſe Desfaucherets*,
de Joly, Secrétaires.

De l'Imprimerie de LOTTIN *l'aîné*, & LOTTIN *de S.-Germain*, Imprimeurs-Libraires
Ordinaires de la VILLE, rue S.-André-des-Arcs, (N° 27) *Sept.* 1789.

www.ingramcontent.com/pod-product-compliance
Lightning Source LLC
Chambersburg PA
CBHW061335060726
47596CB00003B/1269